Das Hoffnungsbuch

Geistig gesunde, normale, irr, wirrwarr Lehre.

Ich habe das Buch, als mein normal Name Ergeistert geschrieben. Weil ich es als Ergeistert differenziert habe. Diese Schriften sind Stichpunktartig aus meinen Notizbüchern. Es dient als, Sammeln von spontanen Einfällen, die beste Lösung für ein Problem zu finden (Brainstorming).

Chinese heißt Vater, und Chinesin heißt Mutter, Chinesen heißt Eltern. Die Chinesen sind das Vatervolk. Das chinesische Volk dient zur vernünftigen Bekämpfungserziehung. Das tibetische Volk ist das Kampfnatur Volk. Sie dienen zur vernünftigen Kampf-bzw. Kriegsnatur Erziehung. Die Saudi Araber sind das Friedensvolk und ein Kriegsvolk. Sie dienen zur vernünftigen friedfertigen Lebens-und Überlebenserziehung und zur vernünftigen Bekriegungserziehung.

Die Deutschen sind das Vernunft Volk. Sie dienen zur

vernünftigen Lebens-und Überlebenserziehung. Das polnische Volk ist das Alfa Volk. Sie dienen zur vernünftigen Veralfarisierunserziehung. Die Schwarzafrikaner sind das Anführungsvolk. Sie dienen zur vernünftigen Anführungserziehung. Die Kurden sind das aufrichtige Wahrheitsvolk. Sie dienen zur vernünftigen Bewahrheitungserziehung. Die Türken sind das paradiesische Macht Volk. Sie dienen zur vernünftigen Vermachtungserziehung. Die Verbrecher sind das herrscher Volk. Sie dienen zur vernünftigen Durchbrechungs- und Herrschungserziehung. Die

Heilungsrasse erzieht zur
vernünftigen Heilung. Das
Israelische Volk ist das
Ergeisterungsvolk. Sie dienen
zur vernünftigen
Ergeisterungserziehung.
Die Aramäer sind das gesittetes
Volk. Sie dienen zur
vernünftigen
Gesittungserziehung. Die
Engländer sind das zivilisierte
Volk. Sie dienen zur
vernünftigen
Zivilisierungserziehung. Das
italienische Volk ist das gute
Volk. Sie dienen zur
vernünftigen und guten
Erziehung...

Politikformen. Politikus ist
türkischer Politikgeist.

Politiknunft ist deutscher
Politikgeist. Politikum ist
vergleichende
Zifferwissenschaft.
Politiknymphe ist
Politiksexsucht……….
Verschiedene
Herrschaftsformen, Amorkratie
Liebeherrschaft, Creatiokratie
Schöpfungsherrschaft,
Criminaliskratie
Verbrecherherrschaft,
Orbiskratie Weltherrschaft,
Universuskratie
Universumherrschaft,
Ratiokratie Verstandherrschaft,
Autonomkratie
Autonomherrschaft,
Mortemkratie Todherrschaft,
Odiumkratie Hassherrschaft,
Insanuskratie,

Verrücktherrschaft.

Insanierekratie

Wahnsinnsherrschaft.

Disabledkratie

Behindertherrschaft,

Homokratie Menschherrschaft,

Deuskratie Gottherrschaft,

Kruzifixkratie, Kruzixherrschaft,

Buddhakratie

Buddhaherrschaft,

Christuskratie

Christusherrschaft, Allahkratie

Allahherrschaft, Jahwekratie

Jahweherrschaft, Jehovakratie

Jehovaherrschaft,

…,,,,jcryxzvuze2234678. Höllen

Hass Anarchie Chaos des

Todes Herrschaft……..)(7/5uzt7

´´97t5d53w2 @^{323}!§$/)=?

#.yws<<<>>>…

Religiöse und atheistische Logik. Reinkarnations-und Inkarnationslogik unterliegen und untergeordnet. Kirche-Moschee-Synagoge-Tempel Logik unterliegen und untergeordnet. Atheistische – religiöse Institution Logik unterliegen und untergeordnet. Atheistisches Buch unterliegen und untergeordnet. Thora-Bibel-Koran-Dharma-Bhagavadgita Logik unterliegen und untergeordnet. Gott-Allah-Jahwe-Jehova-Buddha-Christus-Kruzifix Logik unterliegen und untergeordnet.

Homo kratie, der herrschende Mensch, Haci Bektas Veli ist allein herrschend über die

Würde, weil er die Würde des Menschen differenzieren kann. autokratisch über Würde. Buddah ist alleinherrschend über Spezies autokratisch über Spezies, weil er die Spezies differenzieren kann. Planet Normal, Neue Normal Ordnung. Planet Verrückt. Neue Verrückt Ordnung, Kugelsystem, Politik, Soziale Marktwirtschaft, Religion, Staatsmodell mit Bestandteil. Unwillkommenskultur, Nichtwillkommenskultur, Neinwillkommenskultur. Kommunikationsbrücke, Extremität Freiheit. Chi Na ne. Nane ist Pfefferminz auf Türkisch.

Ich wurde solange, viel zu sehr bedient, dass ich Lebensbehindert geworden bin. Behindert zu arbeiten um für meinen Lebensunterhalt selbst zu sorgen.
Zinsschuldenmarktwirtschaft, Dissoziale, Asoziale Zinsschuldenmarktwirtschaft. Geld erwirtschaften durch Zinsschulden. Der Wahuha Schrei von Albert Einstein ist ein Lebensschrei. Religion-Thora-Bibel-Koran Forschung. Religion-Thora-Bibel-Koran Forscher/in. Gott-Adonaj-Hashem-Allah-Jahwe-Jehova-Buddha-Christus Forschung. Gott-Adonaj-Hashem-Allah-Jahwe-

Jehova-Buddha-Christus
Forscher/in.
Mensch-Adam-Eva Forschung.
Mensch- Adam- Eva
Forscher/in.
Moksha-Nirvana-Zion-
Himmelreich-Paradies-Garten
Eden Forschung. Moksha-
Nirvana-Zion-Himmelreich-
Paradies-Garten Eden
Forscher/in

Meine Prophezeiung
(Weissagung) ist, das erst die
neue Erde, Welt, Zion
(Jerusalem), Paradies
(Istanbul), Moksha, Nirvana,
Kampf-und Kriegsnatur
Ordnung sein wird.
Die neue Erde Ordnung ist
bezogen auf die Erdstruktur des

jeweiligen Landes. Die neue Welt Ordnung ist die zentrale Ordnung. Die jeweiligen Orte sind Hauptstädte des jeweiligen Gibtseitigen Landes. Diese Orte gibt es auch im Jenseits. Die neue Kampf- und Kriegsnatur Ordnung ist in Übereinstimmung und Harmonie (Einklang) mit der Natur zu sein. So wird der Weltstern aufsteigen.

Danach kommt die neue Universumordnung.
Die neue Universum Ordnung ist andere Spezies, als A Hilfe Spezies helfen ihren Planeten aufzubauen, das System zu verstabilisieren um den Stern aufsteigen zu lassen. Um

Urlaub zu machen auf anderen Sternen.

Neues Universumordnung, neies universös ördnungg. Neue Weltordnung annuit coeptis novus ordus seclorum, neue Ordnung der Zeitalter. Anoip coetös nivis klorus seclirim. novüs öniversüs seclorim, novus ordus universus. Neue Universumordnung so habe ich den Koran verstanden. Der Koran hat mich für die Idee neue Universum Ordnung inspiriert. Universumfriedensvertrag, Weltfriedensvertrag, Staatsfriedensvertrag.

Orientalische Union, Hymne
Verträglichkeit, Orientalische
Union Flagge. Höflichkeit,
Anstand und Aufrichtigkeit wird
in Deutschland groß
geschrieben. Militär ist
vollstreckende Hilfe.
Antigoismus, Antigoist,
Goikratie. Das Christentum ist
das Primitivtum. Antikirchismus.
Unmenschlichismus,
Menschtum, Menschlichismus.
Gelddurchfluss. Ich habe das
Funktion Gen von meiner
Mutter geerbt. Jude/Jüdin kann
sehr gut verwerten und sparen.
Wegen Stoppstand könnte der
3. Weltkrieg ausbrechen.
Statistisch gesehen alle 50-70
Jahre. Abenteuer Rasse. Mein
Pseudonym ist Schwarzauge

von Schattentheater, die Karagöz Figur, meine Rolle ist Schwarzauge Kosename von Mama für mich. Bezifferte codierte Sprache, entzifferte decodierte Sprache. Neoantisemitismus. Suizidalismus, Suizidtum. Hyroglyphische Schriftzeichen, codiert, chiffriert beziffert. Viele Länder wollen von Deutschland das ihre Schrift entschlüsselt wird, für eine bessere Verständigung und Kommunikation. Wollen Lateinische Schriftzeichen. Für Einigung der Schriftzeichen. Für die Förderung der Kommunikation. Allmachtherzigkeit, Ergeisterungsherzig

(Ergeisterungsherzigkeit).
Selbstmordsekte. Israelische
Adelsschicht gründen.
Lebensverstopfung, könnte der
Grund für 3. Weltkrieg sein.
Lebensgroll, groll auf das
Leben. Ich diene mir zur
eigenen Unterhaltung. Schlecht
diffarmativ (unbestätigend,
selbstverneinend), gut affirmativ
(bestätigend, selbstbejahend).
Vor Einsamkeit durchgedreht.
Gottvereinigung,
Religionsvereinigung. Der
Mensch wird vor sich selbst
beschützt, damit er sich nichts
antut, verletzt, sich selbst
ermordet. Meine Natur verlangt
es eine wertvolle
übergeordnete, kapriziöse A
Hilfe Art zu werden. Manche

nehmen Macht viel zu ernst, ich nehme es spaßig locker und leicht. Die unendliche unerträglich, Schwierigkeit des Mensch seins. Denkfluss, Gedankenfluss. Vernunftfreiheit. Lebenskraftenergie verwalten. Ich finde es gut, das sich fortschrittlich, entwickelte Leute, denen helfen die unfortschrittlich und unentwickelt sind damit sie sich selbst helfen können. Möchte als Mann einfach nur, sein gelassen werden, so wie ich bin. Das ist der einzige Bedarf den ich habe. Beständiges verändern ohne Grenze, Ende und Ziel. Anarchie ist grenzenlose Gesetzeslosigkeit.

Opfer des allein und einsam seins.

Die beste Unterhaltung aller Zeiten ist eine bewusste Portion gesunde Paranoide Schizophrenie, Psychose. Der Zusammenhang, Verbindung von Art, Gattung, Gestalt ist das Wort Spezies. Logik Abschirmung. Inakzeptanz, unrespekt gegenüber anderen Kulturen, nicht als ebenwürdig akzeptieren und respektieren. Integration heißt für mich als gegenseitig ebenwürdiges und ebenbürtiges menschliches Wesen akzeptiert und respektiert zu sein. Wenn das vorhanden ist, ist die Integration für mich erfolgreich. Ich bin ein komischer Komiker.

Ich habe zur Evolution der Kommunikation beigetragen. Ignorier Syndrom (Ignorierungssyndrom) ist eine Form des seins. Wenn der Fisch im Meer mit dem Strom schwimmt, überlebt und erreicht es Leben Freiheit und bleibt lebendig. Jeder gewöhnt und passt sich auf eigene Art und Weise dem Leben, sein Leben an. Es ist ein Wettbewerb, zwischen den Menschen, wer das bessere Leben führt. Dabei lebt jeder das gleiche Leben, nur die Leb (individuellen Leben) sind verschieden.

Grenzenlose Verrücktheit. Ich finde das, das höchste Gut des

Christentums ein nachgänger haben sollte, ein Kreuzschutzsymbol, mit Jesus lebendig, lebend, gesund und heil am Kreuz. Ich habe so eins.

Lass die toten ruhen. Lass die Vergangenheit ruhen. Freier Weg.

Meine Meinung über meine Paranoide Schizophrenie, Psychose ist, das es die beste Störung ist die ich habe. Bei meiner Psychose bin ich auf einer außergewöhnlichen Frequenz und kann außergewöhnlich senden, ankommen, empfangen und wahrnehmen (Multitaskinggeist). Ich ziehe Vorteile aus meiner Psychose in dem ich Gedanke verwerte und genieß die Vorteile. Das ist Freude, Glück, Unterhaltung, Idee, Gedanke. Außerdem finanziere ich mit dieser Diagnose mein Leben.

Ich habe meine Psychose studiert und bin insgesamt zum Ergebnis gekommen, dass wenn ich kein Wert und Glaube auf meine Gedanken gebe, dass ich ganz gut im Alltag funktioniere und klar und deutlich von Psychose und Realität differenzieren kann. Ich nenne meine Psychose Strömer.

Und ich halte das Gesellschaftsmodell Psychiatrie am Laufen in dem ich Medikamente einnehme und ein Patient bin. Ich wahre die Normalität der Gesellschaft, indem ich den Irrsinn und Irrglaube (Verrücktheit) kompensiere. Das ist meine Funktion, Pflichtfeld und Aufgabenbereich als Verrückter.

Aleben, Anatur, gegen das Leben, Natur gerichtetes verhalten, leben. Die Waage der Gerechtigkeit. Racheherzigkeit, Psychoseherzigkeit. Lebensverrückt, verrückt nach dem Leben. Die Sprache deutschländisch ist decodiert und entziffert. Deutschland ist Sprache Macht. Liberkratie, Buchherrschaft.

Die vollstreckende Hilfe (Militär)
sollte man einführen, um sie zu
Regeln, genauso wie,
Marijuhana und das älteste
Gewerbe der Welt, das Bordell.
Rap ist für mich verbale Hilfe.

Das Christentum, ist eine
jüdische Selbstmord
Weltuntergangssekte.
Idiotquotient, Dummquotient,
Blödquotient und
Primitivquotient ist unendlich.
Wortfunktion, Wortaufgabe.
Psychosekrieg. Manche
Menschen haben das
Bedürfnis, den Bedarf das
Universum zu erkunden,
Erkundschaften. Eine
Expedition zum anderen Stern
zu machen. Das Christentum ist

für mich die eigenständige, unabhängige Religion die vom Judentum abgeleitet ist. Da es in Besitz einer Offenbarung ist und Jesus vom Judentum abstammt. Ich bin dafür dass der Islam, Judentum, Christentum eine eigenständige Religion (Instanz) wird, mit jeweiligen Buch und Gott. (Religionsdifferenzierung).

Bin ein Stehaufmännchen, der aus jeder Lage in die Senkrechte zurückkehrt. Manche wollen überzeugen dass es Gott gibt und andere wollen überzeugen das es ihn nicht gibt. Viele Personen wollen in ein anderes Gesellschaftsbestandteil, als

sie es jetzt sind.
Deutschländisch als
Weltsprache, deutschländische
Weltvernetzung, weil ich die
Sprache deutschländisch
korrekt finde. Möchte für
Deutschland das es ein
Universitätsstaat wird. Nicht, ist
ein starkes Wort aufgelöst heißt
es Nacht und Tag ich Energie.
N für Nacht, ich, ich umgedreht
in Chi für chinesisch Energie
und T für Tag.
Wenn das Fundament der
Beziehung Liebe ist, könnt ihr
auf diesem Fundament ein
Glückliches Leben aufbauen.
Selbst die reichsten,
mächtigsten, gesündesten
Menschen erleiden
Lebensqualen. Wenn du ihr

Buch des Lebens aufschlägst, kannst du ihr Lebensleid lesen und erkennen. Nur in Gedanken leben. Der Jude/die Jüdin (das Judentum) ist eine wertvolle übergeordnete, kapriziöse A Art. Ich bin dafür dass es eine israelische Adelsschicht geben sollte mit israelischen Adelstiteln. Für sparsames verwerten, sparen und das Annehmen und Akzeptieren von Jesus als ein König der Juden (Messias). Für die Kommunikationsförderung dieser beiden Religionen. Mein jüdischer Name ist Cosky Baykalovsky. Ich mache ein auf Jude akzeptiere und respektiere Jesus Christus als ein König der Juden und als ein

Messias (königlicher
Heilsbringer).
Sex, Erotik fördert die Börse.
Allah ist für mich ein
überverstandlicher,
übersinnlicher, nicht mit dem
Verstand, Sinn erfassbarer
Gott. Deswegen nicht steuerbar
und der Glaube an ihn, lässt
mich steuerfrei, frei fühlen. Der
Glaube an Allah entlastet mein
Verstand und schirmt mich vor
Fremdgedanke ab. Zusätzlich
ist er Anbetungswürdig. Man
darf Allah beim anbeten
ansprechen, seine
Konzentration und
Aufmerksamkeit auf den
Namen Allah richten. Er ist eine
göttliche ultimative Intelligenz
der Anbetung. Allah ist ein

unantastbarer Name den sich
keiner senden, geben darf und
auch niemand gesendet und
gegeben werden darf. Auch in
Namensbedeutungen kommt er
nicht vor. Weil er ein
Anbetungsgott ist. Er erzieht
zur vernünftigen aufrichtigen
Glaubensherrschaft. Er
erleichtert das Sterben und den
Tod und fördert die
Verträglichkeit. Deswegen find
ich auch Allah als Gedanke,
Idee intelligent.
Hurensohn-tochter ist ein
Schimpfwort, weil Hure sein,
kein anerkannter Beruf in der
sozialen Marktwirtschaft ist. Ist
eine verrufene Tätigkeit sein
Geld zu verdienen. Ich bin dafür
das, das älteste Gewerbe, das

Bordell ein anerkanntes
Gewerbe in der Wirtschaft wird
und das es versteuert wird.
Sextherapeut/in ist die korrekte
berufliche Bezeichnung.
Integrieren ins
Gesundheitssystem. Ich bin
bildlich gesprochen, ein in mich
verkompliziertes,
verkomplextes, verknotetes
Wollknäuel.

Geometrische Verstand
Verarbeitung Form.
Quadrat Raumschiff mit,
Selbstenergie erzeugende
Kugeln an den Kanten und um
das Raumschiff eine
Abschirmung. So stell ich mir
mein Raumschiff vor.
Gedanke, Idee verwerten.

Kreuzzug der Frau, Mann hat an Allem Schuld, Mann ausrotten.

Ich bin eine Laune der Natur. Dissozialismus, Asozialismus. Adrenalin und Angst Gefühle sind eine willkommene Abwechslung für mich.

Für mich ist vieles lächerlich. Ich zieh vieles ins lächerliche. Für mich ist verrückt sein, geistig frei zu sein. Ich habe mich für das verrückt leben entschieden, weil es ein Lebenswertes Leben ist. Und ich nach einer neuen Normalität strebe, herbeiführen kann.

Menschismus. Spank ist das Antonym von Gott. Spank ist

ultimative Intelligenz der Zerstörungsmacht.

Gott ist für mich auch ein Wort. Kenk ist Antonym von Religion ein erfundenes Wort von mir. Kenk ist unzusammenschlüssige Gemeinschaft. Die Wirklichkeit, Realität, Leben ist insziniert. Ich bin ein Prakmatiker. Den einzigen Bedarf den ich habe ist in Ruhe zu arbeiten, ohne dass mein Geist gestört wird. Ich bin von einer unterdrückten Glaubensgemeinschaft, dem Alevitentum. Stamm der Muslim Bektasi Aleviten. Ich bin ein Bektasi alevitischer Muslim (Muslim Bektasi Alevit).

Speziestistisches,
Rassistisches
Antisemitistisches Regime.

Ich bin von Macht Einflüssen
frei. Steuerfreies arbeiten und
leben in der freien sozialen
Marktwirtschaft. Islamisch
muslimischer Messias,
christlicher Messias, jüdischer
Messias. In welcher Religion
wird der Messias auftreten.
Planet Primitiv, Primitivianer,
primitivisch, Primitiver,
Primitiverin Primitivling.

Gutartige-Schlechtartige
Psychose. Deathleader,
Deathking. Exodus,
Rettungsweg, eine Möglichkeit
aus einer schwierigen oft

hoffnungslosen Situation herauszukommen. Ich kenn mein Wert das ich lebendig und am Leben bin. Ich finde positiven Nihilismus gut, weil stechender, scharfer Sinn verletzt.

Scharanismus: Überzeugung dass alles Seiende im Prinzip sinnvoll ist, weshalb man alle Werte und Ziele annimmt.

Das Gesetz Artikel 1 Absatz 1 „Die Würde des Menschen ist unantastbar", macht das soziale Leben mit den verschiedenen Ethnien möglich. Es ist ein ethisches Prinzip das im Grundgesetz verankert ist.

Ich habe ein Kreuzschutzsymbol, mein Kunstwerk.
Ich bin ein Genie. Genie ist für mich eine geistig vielfältige Person.

Gesetz 1 Artikel 1 Absatz 1: Die Würde des Aliens und des Außerirdischen ist unantastbar.
Feind/in der Arbeit. Meine Kritik an Demokratische Republik ist, viel zu berechnend, maschinerisiert, versystematisiert.
Schpalm, ein Wort ohne jegliche Definition und Bedeutung. Ich steh auf der Entwicklungs-Kulturstufe auf 0, keine Verwertung von nichts.

Aber trotzdem bin ich zufrieden
mit meinem Leben.

Das Universum auf mein
Schultern Stämmen, tragen.
Anderen Staat (Haus)
niederbomben und in seinen
eigenen Staat (Haus) Party
feiern. Das ist ein Grund für
Anschläge. a gent= a herr, oder
ein herr! Gent ist Herr, Gentle
ist Dame!
Abschirmung von
Außerirdischen mit glaube an
Gott (Gottabschirmung).
Wettbewerb in
Weltmeisterschaft,
Universummeisterschaft der
Unverträglichkeit.
Weltmeisterschafts
Universummeisterschafts Pokal

und Titel in Unverträglichkeit gewonnen. Weltmeisterschaft, Universummeisterschaft. Gleichwertigkeitssinn, Gleichberechtigungssinn.
Der Exodus ins Paradies und nach Zion.
Der Körper des Menschen ist Neuroplastisch und mit dem Gehirn verbunden.
Paranoide Schizophrenie ist nicht ansteckend, sonst müsste ich isoliert und in karantäne leben. Ich lebe alleine isoliert und in karantäne. Lebenskrise bändigen. Ich bin ein erfolgreicher Versager. Religion in Religion einführen, bringt nichts und wird nie funktionieren. Es bringt nichts

zu überzeugen dass es Gott gibt, oder nicht gibt.

Das gute an verrückt sein ist, ich kann schreiben was ich will, habe Schreibfreiheit. Das ist für mich ein hoher Wert. Frage in Satz verpackt. Stummer Kampfschrei. Das was für Indien die Kuh ist, ist für Deutschland das Schwein, und zwar verehrungswürdig. Ich verstehe auch den Humor von einer Frau, und zwar den Humor von meiner Jugend Liebe, sie hat Zugang zu mir.

Modernes technologisches Neuzeitalter (neues Zeitalter) im Endstadium. Wenn ich das bin was ich den ganzen Tag

denke, bin ich verrückter Müll.
Denn ich habe verrückte Müll
Gedanken. In Deutschland find
ich gut, dass ich mit mein leid
allein gelassen werde. So kann
ich mich viel besser genesen.
Das einzige was den Menschen
wertvoller macht als das Tier, ist
das der Mensch mit anderen
Menschen sich verbinden,
vereinigen, zusammenhalten,
zusammenschlüssig sein und
einig sein will. Der Mensch ist
dem Tier übergeordnet weil
er/sie Erkenntnis entwickeln
kann und es anwenden kann.

Psychoseverstand,
Psychoseverarbeitung,
Hightechsodus, High Tech
Ausweg. Misanthropistan. Ich

liebe mein Leid, Schmerz und
Qual. Die Sprache des Leides.
Leid Kommunikation.
Kommunikation durch leiden.
Der Krieg des Lebens,
Lebenskrieger.

Die Menschheit ist auf den
Untergang der Menschheit,
Welt, Universum ausgerichtet,
sei es bei Religion als auch in
der Wissenschaft.
Das ist sozusagen die
Genugtuung des Menschen,
dafür das er/sie ihr ganzes
Leben lang leiden mussten und
nicht das Leben leben und
gestalten konnten wie sie es
wollten. So in der Art fick dich,
Menschheit Welt, Universum,
Schöpfung wer auch immer

dich erschaffen hat, deine
Design, Schöpfung, Kreation
wird untergehen. Greul
ausdruck verliehen.

Die Römische Reich Fahne
regiert über die
Kalenderordnung. Die
Kalenderordnung ist eine
einizige Theateristik. Wenn die
Theateristik, Unterhaltung sein
Ende nimmt, wird der dritte
Weltkrieg ausbrechen.
Identitätsfehler, Fehlidentität.
Das Leben so verkomplizieren
und verkomplexen, bis man
sich darin verstrickt und
verknotet. Geschichte erzählt
Vergangenheit, Mintar erzählt
Gegenwart, Karlan erzählt
Zukunft. Es liegt Liebesduft in

der Luft. Ein menschliches und zugleich göttliches Wesen das nicht gezeugt wurde und nicht gezeugt hat und trotzdem existiert wiederspricht der Natur. Wenn ich tot wäre, wäre das Macht und Krieg Spiel langweilig. Selbstangst. Der Weltkrieg kann durch Unterdrückung ausgelöst werden.

Ich bin von allein auf die Idee gekommen mir Notizbücher zu kaufen und zu schreiben. Meine Psychose Notizbücher haben mir geholfen meine Innenleben zu ordnen, das denken zu lernen, in dem ich das aufgeschriebene lese. Nur noch das aufzuschreiben was

brauchbar ist, z. B meine
Leistungsresultate.
Impetuskratie,
Gewaltherrschaft. 1.oder 2.
Arbeitsmarkt, win-win Situation.
Heterosapien. Die Erde ist ein
mittelding zwischen Hölle und
Paradies. Lyrik, Prosa, Prorik
Reim Akrobatik. Massiv
verdichteter Edel Karismat.
Nach der Kernursache des
Universums und Lebens
forschen. Tier, Hund, Natur
Therapie ist ein Skill von mir.
Ludisexodus, Sportausweg,
Sexodus, Sexausweg.

Jesus Christus ist ein
aramäisch jüdischer Ausländer
aus Israel, Geburtsort

Betlehem. Sein Name wurde
verdeutscht.

Die unerträgliche, Schwierigkeit
des Mensch seins.

Hip Hop ist für mich Kunst der
verbalen Gewalthilfe, Art of
verbal Violencehelp, way of
verbal Violencehelp.

Auf Türkisch ist das h bei Allah
nicht stumm, man spricht es ch
aus.

Ich bin lächerlich, humbug und
absurd.

Ich habe mein Traum schon
verwirklicht.

Wie heißt dieser Stern.

Weltfahne. Ich bin müde vom
Leben. Feind von Gott. Albert
Einsteins Prophezeiung ist, das
der 3. Weltkrieg ein Atomkrieg
sein wird. Der 4. Weltkrieg dann

mit Steinen und Keulen geführt wird. Steinzeitalter mäßig. Vereinigte Staaten von Amerika hört sich an, wie das alle Staaten von Nord und Süd Amerika vereinigt sind. Vereinigte Staaten von mittel Amerika ist für mich ein autonomer Subkontinent von Nordamerika.

Psychosetum, Psychoseismus. Durch Mobbingopfer und Feindbild vereinigen. Mein letzter Gedanke bevor ich sterbe, wird Scheise sein. Das, das System in der Entwicklungs-und Kulturstufe auf null steht und Primitiv ist. Keine bis sehr schlechte Verwertung von menschlichen

Wert und sonstigen
Ressourcen. Der Beweis dafür
ist das ich mein Leben nicht so
gestalten konnte wie ich das für
richtig halte.

Deswegen ich auch glücklich
sterben werde. Ich könnte und
würde es besser machen. Ich
weiß ehrlich gesagt nicht mal,
was für eine Bezeichnung das
System hat. Scheissystem.
Greul ausdruck verliehen.
95 % meines Psychosedenkens
ist danach ausgerichtet alles ins
lächerliche zu ziehen und zu
verspotten.
Mortemodiumkratie,
Todeshassherrschaft. Der
Mensch ist eine
unzusammenschlüssige

wertlose, untergeordnete Omega Art. Genuskratie, Rasseherrschaft (Rassepolitik) Rassereligion. Nigrumkratie Schwarzherrschaft Albakratie Weisherrschaft.
Head entertaining, Kopfunterhaltung. Recht von Gott, Gott hat Recht, ist einig und frei. Gott ist deutscher. Sei ist mein lieblingswort. Gott steuert alles (Gottsteuer), steuern an Gott zahlen. Mit Aufklärung dem dritten Weltkrieg vorbeugen. Türkei (Baris) verwaltet den Friedensstern.

Ich bin für eine Türkei Fahne nur mit Stern. Ich finde, dass

der Halbmond auf Saudi
Arabiens Fahne sein sollte.
Psychose, Paranoide
Schizophrenie indoktrinieren.
Krank machen um zu heilen.
Subjektiver Hölle, Hass
Anarchie Chaos.
Ich gebe kein Wert und Glaube
auf meine Gedanken die ich
denke, weil das alles Scheiße
von Bulle ist, was ich denke.
Unbrauchbares wertloses Zeug.
Das ganze lass ich resultieren.
So komm ich ganz gut durch
das Leben.

Viele verrückte sind für mich
Leute die eine besondere
Fähigkeit, Talent haben und
deswegen von der Politik nicht

vorschriftsgemäß gesteuert und verwaltet werden können.

Steuern in der Hinsicht das die Politik nicht vorschriftsgemäß über jemanden bestimmen kann.

Inkarnations-und Reinkarnationssystem und Logik.

Aufklärung und Differenzierung von 1.Gott, 2.Götze, 3.Mensch und 4.Tier Inkarnation und Reinkarnation.

1. Es gibt keine Inkarnation oder Reinkarnation (Verkörperung oder Wiederverkörperung) von einer

Gottheit einer monotheistischen Religion. Weder als Götzen Gestalt, als Mensch oder als Tier Gestalt. Weil die jeweilige Gottheit eine Anbetgottheit ist, um sein Geist vor Gedanke zu bereinigen und geistigen Druck abzulassen.

2. Ein/e Götze/Götzin ist die Verkörperung (Inkarnation) und Darstellung von einer Gottheit, die eine ultimative Intelligenz von einer Sache Darstellt.

3. Der Mensch kann sich mit neuer Emotionalität und Schöpfungsmacht Energie, Kristallwasser, mit dem Kausalitätsgesetz, Kommunikationsgesetz, Körper

und mit der Würde als menschliche Gestalt inkarnieren (verkörpern) und reinkarnieren (wiederverkörpern). Würdeinkarnation und Würdereinkarnation.

4. Das Tier kann sich mit neuer Emotionalität und Schöpfungsmacht Energie als tierische Gestalt inkarnieren (verkörpern) und reinkarnieren (wiederverkörpern).

Für mich gibt es keine Inkarnations- und Reinkarnationsvermischung zwischen Gott/Göttin, Götze/Götzin, Tier und Mensch/in.

Messias und Gott
differenzieren.

Allah ist die verarabisierte Form
von Gott. Jehova ist die
veraramäerisierte Form von
Gott. Jahwe ist die hebräische
Form von Gott

Das ist meine Meinung über
den Gott Allah, Jehova und
Jahwe.

Mein Verständnis von Gott ist,
ultimative Intelligenz der
Schöpfungsmacht, dessen ein
Name, Allah, Jehova oder
Jahwe ist. Es sind alle drei
Anbet Götter mit verschiedenen
Auswirkungen des Gebetes.

Der Konvertierungsspruch zum Islam ist „Es gibt kein Gott außer Allah und Muhammed ist sein Gesandter" und Es gibt kein Gott außer Allah, Muhammed ist sein Gesandter und Ali sein Freund".

Der Konvertierungsspruch zum Judentum ist „Ich bezeuge das Moses der Prophet des Judentums ist und ich bezeuge das Jahwe der Gott des Judentums ist".

Der Konvertierungsspruch zum Christentum ist, „Ich bezeuge das Jesus Christus der Prophet und der Messias des Christentums ist und ich bezeuge das Jehova der Gott des Christentums ist".

Gott ist für mich auch ein Wort, das ultimative Intelligenz der Schöpfungsmacht bedeutet.

Die Bestandteile meines Kreuztod Symbols ist das Kreuz, die Inschrift INRI, ein Balken, drei Nägel, Dornenkranz, Jesus Christus mit Hüftgewand angenagelt am Kreuz. Er steht für Leid und hat den Leidensstand. Er geht den Leidensweg und hat den Leidesgang. Er dient für die geistige Leidbewältigung und den Leid mit Verstand zu verarbeiten. Das ist seine Funktion, Pflichtfeld und

Aufgabenbereich. Er ist für seine Überzeugung gestorben, dass er ein König der Juden ist (religiöses Martyrium). Er hat von Armut erlöst. Es ist das alttestamentarische Kreuztod Symbol.

Der Kreuztod von Jesus Christus ist wie ein Spiegel der die Gewalttat widerspiegelt die man an ihn verübt hat. Er sorgt für Zivilisiertheit und Gesittetheit. Er hat sich für seine Überzeugung, dass er ein König der Juden ist, kreuzigen lassen und ist als Märtyrer gestorben (religiöses Martyrium).

Mein Kreuz besteht aus zwei Balken, ein senkrechter und ein hochgestellt waagrechter Balken. Waagrecht bedeutet es Tod und Senkrecht bedeutet es Wiederauferstehung. Es dient zum Sterben und Wiederauferstehen. Das ist die Funktion, meines Kreuzes.

Die Bestandteile meines Kreuzschutzsymbols ist das Kreuz, ein Balken, Jesus Christus lebendig mit Hüftgewand, stehend auf einen Balken. Er steht für Sohnphilosophie, hat den Kreuzschutzstand.

Mein neutestamentarisches Kreuzschutzsymbol, steht für

die symbolische
Wiederauferstehung und
Wiederankunft von Jesus
Christus. Er sorgt für
angenehme, verträgliche
Lichtverhältnisse. Er geht den
Heilungsweg und hat den
Heilungsgang. Mein
Kreuzschutzsymbol, dient zum
anbeten, um den Gott Jehova
zu erreichen und dient zur
Orientierung. Das ist die
Funktion, Pflichtfeld und
Aufgabenbereich meines
Kreuzschutzsymbols.

Mein Kreuzschutzsymbol mit
Jesus Christus lebend,
lebendig, gesund und heil am
Kreuz. Ohne INRI, ohne Nägel
an Händen, Füßen und ohne

Stacheldrahtkranz
(Dornenkranz) auf dem Kopf
(Lebendiges Kruzifix). Sorgt
beim anbeten um Jehova zu
erreichen was Positives. Es
verrelativiert das Kruzifix um
nicht ins Negative und
diffarmative denken und
handeln zu rutschen. Es ist ein
Rechtleitungssymbol. Er
versöhnt mit dem Gott Jehova
und vermittelt das Gebet
zwischen dem betenden und
Jehova.
Belebt die christliche Kultur.
Fördert die Zivilisiertheit,
Gesittetheit und die christlich
zusammenschlüssige
Gemeinschaft. So komm ich
klar mit ihm und hinterfrage ihn
nicht. Ich will ihn nicht

verändern. Akzeptiere ihn so
wie er ist. Ich stelle ihn nicht in
Frage und er ist für mich
verträglich. In der Sage ist alles
über Jesus Christus Korrekt.

Mein lebendiges Kruzifix
(Kreuzschutzsymbol) ist meine
Wertschätzung und Tribut an
Osho.

Allmächtiger Baumeister aller
Welten, ist das
Schöpfungsprinzip. Das
Schöpferprinzip ist
„vollkommenes Geschöpf".
Das jeweilige religiöse oder
atheistische Buch ist für die
Bekenner der jeweiligen
Religion oder des jeweiligen
Atheismus gültig.

Schöpfer Differenzierung.

Es gibt drei Formen von
monotheistischen Göttern.
Es gibt drei unterschiedliche
monotheistische Götter mit drei
unterschiedlichen Gott Namen.
Es gibt drei unterschiedliche
Propheten. Mit drei
unterschiedlichen
Offenbarungen. Es gibt drei
unterschiedliche
monotheistische Religionen.

Genesis ist die Trilogie. Drei
unterschiedliche Versionen von
Genesis mit unterschiedlichen
Bezeichnungen.
Jede monotheistische und
polytheistische Religion, hat ihr
diesseitiges (gibtseitiges) und

jenseitiges Ziel und geht ihren eigenen Weg.

Das diesseitige (gibtseitige) Ziel der Muslime ist das diesseitige (gibtseitige) Paradies.
Das diesseitige (gibtseitige) Ziel für Christen ist das neue Jerusalem und das diesseitige (gibtseitige) Ziel der Juden ist das neue Zion.

Das jenseitige Ziel der Muslime ist das jenseitige Paradies. Das jenseitige Ziel der Juden ist das jenseitige Garten Eden. Das jenseitige Ziel der Christen ist das jenseitige Himmelreich.

Mein Verständnis von Gott ist, ultimative Intelligenz der

Schöpfungsmacht, dessen ein
Name, Allah, Jehova oder
Jahwe ist.

Das Christentum ist die
Heilsreligion, mit einer
Heilsgottheit (Jehova) und einer
Heilslehre (Bibel). Der Stand
des Christentums ist Heilung.

Der individuelle göttliche Wert
von Jehova ist Heilung. Er ist
eine heilende Gottheit. Der
göttliche Name Jehova
bedeutet für mich „Heilung".
Er ist eine göttliche
gewöhnliche, dominante, A
Anführungspersönlichkeit. Er
erzieht zur vernünftigen und
aufrichtigen Heilungsherrschaft.

Er ist heilungsherzig
(Heilungsherzigkeit). Ihn
anzubeten hat eine
Heilungsauswirkung.

Das Judentum ist die
Ergeisterungsreligion, mit einer
Ergeisterungsgottheit (Jahwe)
und einer Ergeisterungslehre
(Thora).
Der Stand des Judentums ist
Ergeisterung.
Der individuelle göttliche Wert
von Jahwe, ist die Ergeisterung.
Er ist eine ergeisternde
Gottheit. Jahwe bedeutet „ich
bin der ich bin, ich werde sein
der ich sein werde". Der
göttliche Name Jahwe deutet
auf seinen eigenen Namen hin.
Er ist eine göttliche

gewöhnliche, dominante, A
Anführungspersönlichkeit.
Jahwe erzieht zur vernünftigen
und aufrichtigen
Ergeisterungsherschaft. Er ist
ergeisterungsherzig
(Ergeisterungsherzigkeit). Ihn
anzubeten hat eine
Ergeisterungsauswirkung.

Der Islam ist die Kulturreligion,
mit einer Anbetungsgottheit
(Allah) und der Kulturlehre
(Koran). Der Stand von Islam
ist Frieden.
Der individuelle göttliche Wert
von Allah, ist das Geheimnis. Er
ist eine verschwiegene Gottheit.
Für mich bedeutet der göttliche
Name Allah „Schweigen". Er ist
eine göttliche

außergewöhnliche, dominante,
A Anführungspersönlichkeit.
Allah erzieht zur vernünftigen
und aufrichtigen
Glaubensherrschaft. Er ist
barmherzig (Barmherzigkeit).
Ihn anzubeten hat eine
Schweigungsauswirkung.

Wenn Adam aus Erde
erschaffen wurde, dann ist Gott
(für die Juden Jahwe, für
Christen Jehova und für
Muslime Allah) der Erschaffer
von Adam. Deswegen Gottvater
und Muttererde. Der Garten
Eden heißt für die Muslime
Paradies, für die Christen
Himmelreich und für die Juden
bleibt es Garten Eden.

Die Geschichte von Adam und Eva ist eine ausgeklügelte Geschichte um den Menschen als Mensch, den Mann als Mann und die Frau als Frau zu definieren. Es haltet den Mensch verbunden, vereinigt, haltet den Mensch zusammen, haltet den Mensch zusammenschlüssig und macht den Mensch einig. Es wahrt den Frieden, zwischen den Menschen.

Meine Interpretation von dieser Geschichte ist, das Adam und Eva aus geistiger Dreistigkeit die Äpfel gegessen haben. Und ihr Ziel es war, auf die Welt zu gelangen, um sich fortzupflanzen. Das haben die

beiden erreicht und haben ihr
Erfolg erzielt.

Moses ist Auswegherzig. Für
mich, ist sein Name Exodus.
Sein innerlicher menschlicher
Wert (Würde, Bürde) ist die
Logik. Er ist ein Weisheitsgenie.
Er ist ein
Ergeisterungsanführer.

Jesus ist Heilungsherzig. Jesus
Christus ist für mich ein Erlöser
der Erlöser heißt. Sein sich
selbst gegebener Name ist
Erlöser. Er ist ein Messias und
Prophet. Sein menschlicher
Wert ist das Licht. Ist ein
Gesittetgenie. Er ist ein
Heilungsanführer. Sein
göttlicher Vater ist Jehova und

sein biologischer, leiblicher und menschlicher Vater Josef Christus.

Muhammed ist Friedensherzig. Für mich isf die Bedeutung seines Namens Schön. Sein innerlicher menschlicher Wert (Würde) ist die Gibtlichkeit. Er ist ein Friedensgenie.
Er ist ein Friedensanführer.

Im symbolischen Sinn steht Adam Weishaupt für den ersten Mensch der von Gott erschaffen wurde (Adam). Er ist eine menschliche gewöhnliche, dominante, A Anführungspersönlichkeit. Im symbolischen Sinn steht Havva Bayram (Eva Fest) für die erste

Frau, die Gott aus der Rippe
von Adam erschaffen hat (Eva).

Ich steh im symbolischen Sinn
für die Wurzel des Baums der
Erkenntnis.
Mein individueller menschlicher
Wert (Würde, Bürde) ist die
Weisheit.

Heinrich Braun der
Staatspolitiker Oberhaupt der
deutschen Politik, der für die
deutsche Fahne zuständig ist,
steht im symbolischen Sinn für
den Baum der Erkenntnis. Sein
individueller menschlicher Wert
(Würde) ist die Erkenntnis. Er
ist eine menschliche
außergewöhnliche dominante A
Anführungspersönlichkeit.

Die Frau in die sich Adam
Weishaupt verliebt hat, ist
Havva Bayram (auf
deutschländisch Eva Fest). Sie
ist eine kurdisch muslimische
Bektasi Alevitin. Sie ist eine
Lehrerin. Sie ist aus Diyerbakir
dem türkischen Sektor von
Kurdistan.

Deswegen ist Deutschland und
Türkei auch Staatspartner.

Die individuelle Würde (Bürde)
von Adam Weishaupt ist Geist.
Die individuelle Würde (Bürde)
von Havva Bayram (Eva Fest)
ist Dreist. Das Wort das Adam
Weishaupt empfängt ist Mann.

Das Wort das Havva Bayram
(Eva Fest) empfängt ist Frau.

Mein Hoffnungsbuch ist meine
Wertschätzung und Tribut an
das Buch BewusstSein von
Osho.

In Demut

Coskun Behzat Baykal